THIS BOOK BELONGS TO:

TOP SECRET

CONFIDENTIAL

Character Sheet

Mystery Title _____

Setting _____ **Time Period** _____

Name _____ **Ocupation** _____

Secrets I know _____

Character description
_____
_____
_____

Other characters

Name	Clues	Status (Live, Dead, Suspect)

Victim ☠   **Murderer** 🗡   **Cause of Death** 🧪

_____   _____   _____

Favorite Costume   **Favorite Actor**

_____   _____

Notes
_____
_____
_____
_____

CLUE NO.	CLUES CHART
1.	
2.	
3.	
4.	
5.	
6.	
7.	
8.	
9.	
10.	
11.	

CLUE NO.	CLUES CHART
12.	
13.	
14.	
15.	
16.	
17.	
18.	
19.	
20.	
21.	
22.	

CLUE NO.	CLUES CHART

CLUE NO.	CLUES CHART

EVIDENCE

Item # _____ Case # _____
Date Collected _____ Time: _____
Description of Evidence _____
_____
_____

Location where collected _____
Suspect: _____
Victim: _____
Notes: _____
_____
_____
_____

CHAIN OF CUSTODY

Receive From _____ By: _____
          Date _____ Time _____

Receive From _____ By: _____
          Date _____ Time _____

Receive From _____ By: _____
          Date _____ Time _____

SUSPECT PROFILE

SUSPECT PICTURE

Name: _____
Height: _____
Weight: _____
Eye Color: _____
Hair Color: _____
Distinct Features: _____
_____
_____
_____

FINGERPRINT FORM

NAME_____

DATE_____

	Finger 1	Finger 2	Finger 3	Finger 4	Finger 5
Left Hand					
Right Hand					

FINGERPRINT FORM

NAME _____

DATE _____

Left Hand

Finger 1	Finger 2	Finger 3	Finger 4	Finger 5

Right Hand

Finger 1	Finger 2	Finger 3	Finger 4	Finger 5

Date

NOTES

Date

NOTES

Date

NOTES

Date

NOTES

Date

NOTES

Character Sheet

Mystery Title _____

Setting _____ **Time Period** _____

Name _____ **Ocupation** _____

Secrets I know _____

Character description
_____
_____
_____

Other characters

Name	Clues	Status (Live, Dead, Suspect)

Victim ☠ **Murderer** 🔪 **Cause of Death** 🧪

_____ _____ _____

Favorite Costume   **Favorite Actor**

_____   _____

Notes
_____
_____
_____
_____

CLUE NO.	CLUES CHART
1.	
2.	
3.	
4.	
5.	
6.	
7.	
8.	
9.	
10.	
11.	

CLUE NO.	CLUES CHART
12.	
13.	
14.	
15.	
16.	
17.	
18.	
19.	
20.	
21.	
22.	

CLUE NO.	CLUES CHART

CLUE NO.	CLUES CHART

EVIDENCE

Item # _____ Case # _____
Date Collected _____ Time: _____
Description of Evidence _____
_____
_____

Location where collected _____
Suspect: _____
Victim: _____
Notes: _____
_____
_____
_____

CHAIN OF CUSTODY

Receive From _____ By: _____
              Date _____ Time _____

Receive From _____ By: _____
              Date _____ Time _____

Receive From _____ By: _____
              Date _____ Time _____

SUSPECT PROFILE

SUSPECT PICTURE

Name: _____

Height: _____

Weight: _____

Eye Color: _____

Hair Color: _____

Distinct Features: _____

_____

_____

_____

FINGERPRINT FORM

NAME_____

DATE_____

	Finger 1	Finger 2	Finger 3	Finger 4	Finger 5
Left Hand					
Right Hand					

FINGERPRINT FORM

NAME_____

DATE_____

Left Hand				
Finger 1	Finger 2	Finger 3	Finger 4	Finger 5

Right Hand				
Finger 1	Finger 2	Finger 3	Finger 4	Finger 5

Date

NOTES

Date

NOTES

Date

NOTES

Date

NOTES

Date

NOTES

CASE NO.

Character Sheet

Mystery Title _____

Setting _____ **Time Period** _____

Name _____ **Ocupation** _____

Secrets I know _____

Character description
_____
_____
_____

Other characters

Name	Clues	Status (Live, Dead, Suspect)

Victim　☠　**Murderer**　🔪　**Cause of Death**　☠
_____　_____　_____

Favorite Costume　　　　　**Favorite Actor**
_____　　　　　_____

Notes
_____
_____
_____
_____

CLUE NO.	CLUES CHART
1.	
2.	
3.	
4.	
5.	
6.	
7.	
8.	
9.	
10.	
11.	

CLUE NO.	CLUES CHART
12.	
13.	
14.	
15.	
16.	
17.	
18.	
19.	
20.	
21.	
22.	

CLUE NO.	CLUES CHART

CLUE NO.	CLUES CHART

EVIDENCE

Item # _____ Case # _____
Date Collected _____ Time: _____
Description of Evidence _____
_____
_____

Location where collected _____
Suspect: _____
Victim: _____
Notes: _____
_____
_____
_____

CHAIN OF CUSTODY

Receive From _____ By: _____
　　　　Date _____ Time _____

Receive From _____ By: _____
　　　　Date _____ Time _____

Receive From _____ By: _____
　　　　Date _____ Time _____

SUSPECT PROFILE

SUSPECT PICTURE

Name:_____

Height:_____

Weight:_____

Eye Color:_____

Hair Color:_____

Distinct Features:_____

_____

_____

_____

FINGERPRINT FORM

NAME_____

DATE_____

Left Hand

Finger 1	Finger 2	Finger 3	Finger 4	Finger 5

Right Hand

Finger 1	Finger 2	Finger 3	Finger 4	Finger 5

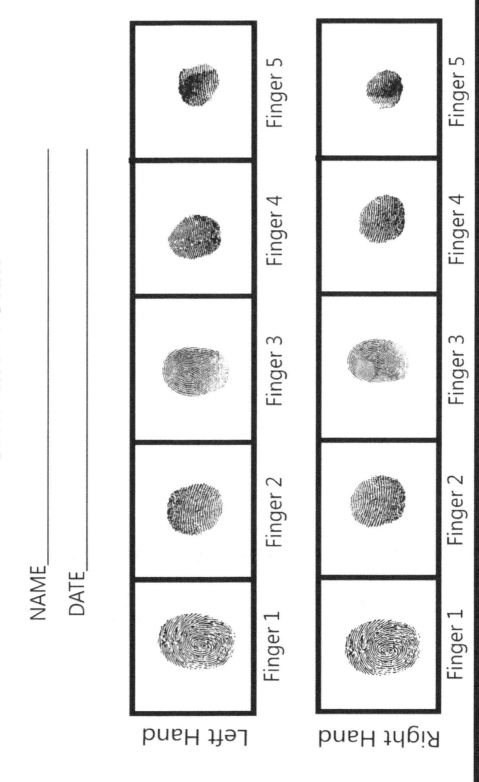

Date

NOTES

Date

NOTES

Date

NOTES

Date

NOTES

Date

NOTES

CASE NO.

Character Sheet

Mystery Title _____

Setting _____ **Time Period** _____

Name _____ **Ocupation** _____

Secrets I know _____

Character description
_____
_____
_____

Other characters

Name	Clues	Status (Live, Dead, Suspect)

Victim ☠ **Murderer** 🔪 **Cause of Death** 🧪

_____ _____ _____

Favorite Costume   **Favorite Actor**

_____   _____

Notes
_____
_____
_____
_____

CLUE NO.	CLUES CHART
1.	
2.	
3.	
4.	
5.	
6.	
7.	
8.	
9.	
10.	
11.	

CLUE NO.	CLUES CHART
12.	
13.	
14.	
15.	
16.	
17.	
18.	
19.	
20.	
21.	
22.	

CLUE NO.	CLUES CHART

CLUE NO.	CLUES CHART

EVIDENCE

Item # _____ Case # _____
Date Collected _____ Time: _____
Description of Evidence _____
_____
_____

Location where collected _____
Suspect: _____
Victim: _____
Notes: _____
_____
_____
_____

CHAIN OF CUSTODY

Receive From _____ By: _____
          Date _____ Time _____

Receive From _____ By: _____
          Date _____ Time _____

Receive From _____ By: _____
          Date _____ Time _____

SUSPECT PROFILE

SUSPECT PICTURE

Name: _____
Height: _____
Weight: _____
Eye Color: _____
Hair Color: _____
Distinct Features: _____
_____
_____
_____

FINGERPRINT FORM

NAME_____

DATE_____

	Finger 1	Finger 2	Finger 3	Finger 4	Finger 5
Left Hand					
Right Hand					

FINGERPRINT FORM

NAME_____

DATE_____

Left Hand — Finger 1, Finger 2, Finger 3, Finger 4, Finger 5

Right Hand — Finger 1, Finger 2, Finger 3, Finger 4, Finger 5

Date

NOTES

Date

NOTES

Date

NOTES

CASE NO.

Character Sheet

Mystery Title _____

Setting _____ **Time Period** _____

Name _____ **Ocupation** _____

Secrets I know _____

Character description
_____
_____
_____

Other characters

Name	Clues	Status (Live, Dead, Suspect)

Victim   **Murderer**   **Cause of Death**
_____   _____   _____

Favorite Costume   **Favorite Actor**
_____   _____

Notes
_____
_____
_____
_____

CLUE NO.	CLUES CHART
1.	
2.	
3.	
4.	
5.	
6.	
7.	
8.	
9.	
10.	
11.	

CLUE NO.	CLUES CHART
12.	
13.	
14.	
15.	
16.	
17.	
18.	
19.	
20.	
21.	
22.	

CLUE NO.	CLUES CHART

CLUE NO.	CLUES CHART

EVIDENCE

Item # _____ Case # _____
Date Collected _____ Time: _____
Description of Evidence _____
_____
_____

Location where collected _____
Suspect: _____
Victim: _____
Notes: _____
_____
_____
_____

CHAIN OF CUSTODY

Receive From _____ By: _____
            Date _____ Time _____

Receive From _____ By: _____
            Date _____ Time _____

Receive From _____ By: _____
            Date _____ Time _____

SUSPECT PROFILE

SUSPECT PICTURE

Name: _____
Height: _____
Weight: _____
Eye Color: _____
Hair Color: _____
Distinct Features: _____
_____
_____
_____

FINGERPRINT FORM

NAME _____

DATE _____

	Finger 1	Finger 2	Finger 3	Finger 4	Finger 5
Left Hand					
Right Hand					

FINGERPRINT FORM

NAME_____

DATE_____

Left Hand
| Finger 1 | Finger 2 | Finger 3 | Finger 4 | Finger 5 |

Right Hand
| Finger 1 | Finger 2 | Finger 3 | Finger 4 | Finger 5 |

Date

NOTES

Date

NOTES

Date

NOTES

Date

NOTES

Made in United States
Orlando, FL
28 August 2023